Gerd Karin Nordlund

GENOM ETT HÅL I VÄGGEN

Till
Mats och Bert
Anna L

Genom ett hål i väggen

GERD KARIN NORDLUND

Dikter

Omslag och grafisk form Jan Karlsson
Omslagsbild Gerd Karin Nordlund
Förlag: BoD – Books on Demand, Stockholm, Sverige
Tryck: BoD – Books on Demand, Norderstedt, Tyskland
ISBN: 978-91-7969-6269

Life is a great teacher
James Joyce

I

Ett program på samiska

Ett program på samiska porlar i rummet.
Är jord nu och morgonens sång.

Vi vaknar och runt omkring oss vaknar allt,
vaknar väggarna, affischerna, taket,

golvet, vaknar sängen, duschen, tidningen,
sjutillhållarlåset, vaknar balkongen,

hela hallen, spisen i köket, brödkniven,
limpan, tekoppen, kylskåpet med smör och ost,

allt vaknar. Skåpen, fönsterrutorna,
busstrafiken. Utanför rummet vaknar

allt, asfalten och träden, dag överallt.

Dag överallt. Allting sjunger henne.
Allting sjunger honom ett eftermäle,

sjunger röstens inträdesprov krystat
och tillrättalagt, sjunger en vind som

aldrig mojnar, en blåst ömsom kall och
varm. Så många blad på marken sjunger

henne, en söndagspromenad du och jag,
jag och du söndag efter söndag.

Talar om dagarna som drar sig tillbaka
och en annan tid uppstår under vårt

brutna tak. Vem kan mota bort måndag?
Det är stillheten, eftertanken vi vill

för att vakna på nytt, vakna igen.

Vaknar på nytt, vaknar igen och alla
törstande har druckit oss, sopat igen

alla spår. Så går promenaden utmed
stranden i en vid båge, liknar en loj

tigerrandig katt under middagssömnen,
en ostörd vila. Dag överallt sjunger

en vind som aldrig mojnar. Någon mässar:
"Av kött är du kommen", ifrån havet

kanske. Vaknar till last, lust, lidelse,
famntag och våra axlar vilar rofyllda.

Alla imperativer kan hålla sin enfaldiga
vakt mellan golvets långa brädor i motsats

till dag och öppna ögon, den oavslutade
rörelsen. Vi trotsar vinden och betraktar

sanden, vattnets sista våg, en kontur
av ett utslängt snöre mitt i sommarens hus.

Mitt i sommarens hus är sång nu,
en ensam sång och aldrig hörd.

Språkets mjukhet vaknar, blommorna
tänder sina färger och daggkåpan

dricker blad efter blad, sjunger
en äng starkare och starkare eneträ,

upp mot skogen vaknar alla tallar
och granar, ekorren, det skygga

rådjuret med sitt kid, vaknar älgen,
räven, myrorna, de gamla ekarna,

vaknar mossan och stenarnas lav,
berget vaknar medan ett program på

samiska porlar i rummet, rinner
bäcken ur jordens språng, en flod

mot havet, vaknar huset som liknar
ingenting i andras ögon, på allas

tungor ett simpelt omkväde hos pöbel
och mobb och förtvivlade som vaggar

sina barn, sjunger den skadades sång
utan tak, rum eller fönster, vaknar

väggen mot norr och det är dag överallt.
Sjunger mig själv i dig, sjunger dig

själv i mig. Bokstäverna, stavelserna,
alla orden, havets dimma och barndomen

guppar i oss, flyter på havet utan
varningsljus, sjunger sitt ansikte

i vinden, som aldrig mojnar bland stumma
och förstelnade rädslor. Dagarna vill

tillbaka, sjunger sitt ansikte, sin vackra
kropp ur glömskan och rädslorna kryper

fram en liten bit i taget ur minnet som
glor, bara nynnar det onda omkvädet,

är morgon nu. Jag nynnar det onda om-
kvädet, är morgon nu och formar orden,

fogar ihop ett efter ett. Den mödosamma,
den smärtsamma sanningen vaknar år efter

år, sida upp och sida ner blir mig själv
utan undfallenhet. Vid sjutiden gal tuppen

till min stora förvåning, hör solen för
första gången. Den tiger inte längre!

Den tiger inte längre! I mig vaknar
orden och fogar samman fragment och

skärvor. Jag var natt skrev den gamle,
jag var ett eldhärjat hus där mördare

sov många timmar, alltför länge drabbad
av en osläckt eld, men mitt i smärtan

flög jag högre än alla fåglar, såg gräset
och ängarna, sädesfälten och den vackra

sjön, såg näckrosorna och ekan uppdragen
i vassen, såg hur barnen vadade vid

stranden den varma dagen. Jag såg hur
kvinnans rygg böjde sig över tvättbrädan,

gned och gnuggade och röken steg från
järngrytan, där den vita tvätten kokade

under bar himmel, hur berget bildade fond
med branta länder och bakom hästen gick

mannen med ihärdiga steg över den blå
och hårda leran. Stövlarna skavde,

svetten rann. Jag såg hur alla längtade
efter skuggan denna gudsförgätna dag,

hur farfar vände sig i sängen och farmor
torkade händerna med en grov hemvävd duk.

Jag såg hur tiden slängde ut sin säkra lasso.
De kunde nästan allt. Grannarna, hästarna,

korna, grisarna, hönsen. Varför teg solen?
Solen teg och skepnader dök upp, nickade

något avmätt som en gammal bekant,
gick igen som gamla spöken i vinden som aldrig

mojnar. Tankarnas tungor slickar samma sten
i landskapet undangömt. Slutligen faller

ett regn. Det har varit tyst natt efter natt.
Ett program på samiska porlar i rummet.

Är jord nu och morgonens sång.

Ovädret dansar

Ovädret dansar ljus eller skugga, vinden
viner, griper tag i allt den kommer åt

och kilen slås in, sitter fast i bergets
uppkomna spricka. Kraftigt kränger livet,

tar in vatten och sjunker. Kropp – en djup
och vidsträckt krater medan havet är

tilltäppt, lider i sin plågsamma längtan:
att återta möta värme. Ristar, mejslar:

Jag har inte funnits medan ovädret dansar
ljus eller skugga över barnets bröst.

Ett pylte, säger någon vid elden och änglarna
sjunger en mässa: havet, skogen, alla ängarna.

Jag har kommit för att sjunga: en samling
stenar, ett eko: Xantippas gamla knän

och rosa trikåer fyllda med stenar litet
här och litet där. För övrigt tomma,

platta figurer, säckar ihop, faller.

Sång efter sång sjunger amman, hennes varma
bröst, en kärleksfull stämma och famnen.

Där inifrån hennes gåva och jag nynnar
kärleksljuden, mumlar vidderna, de röda

kryssen på fjället i början av mars, en
sång om ostadigt väder med bitande vind

och jag minns.

Det finns sagor om Gud, det finns sagor om
incest. Ordet är besudlat och kinderna

förlorar sin färg. Jag sover, lever som en
drunknad utan hopp med en förvillande

längtan: att färdas, drömmen under en
uppstjälpt båt, under grön, tjock mossa.

Nattens blanka öga, en skalpell och
färdens släde med de skrämda andetagen

utmed en vindlande väg.

Jag sover medan fisken är fångad i en katsa,
slängs i vattnet från bryggan och långt

där ovanför hans långskaftade stövlar.
Jag sover och tänker förvissad: det här

har jag överlevt. Det finns sagor om Gud
och om främmande fåglar, och ögat anar ett

fotspår.

Glänsande parkett

Glänsande parkett, drömmens svarta
flygel utanför en stor kub av glas,

varmt och kvavt, inuti mot glaset
en stum tid och hon sitter där utanför,

kvinnan i svart, klipper fransar,
sida för sida, kant efter kant ur

saxens vassa bett i flickan av fjäril.
Ingen spelar på flygeln men därinne

storm, trombon. Att sprängas och vara
ett väsen. Fjärilen sönderklippt,

vildvinet klapprar mot rutan.

Se hitåt, se bortom, se här. Jag vandrar
förbi, ser djävulen. Slantkrok eller pilk!

Sjöhästen är vacker, obeväpnad, tas tillfånga
för att säljas till turister. Skeppet far

och Kuskens Capella har slocknat. Här i
djupen finns inga stjärnor att följa.

Vildvinet klapprar mot rutan, fiskens
runda öga och sagan om en luffare

som slinker förbi, som om förnedring
gjorde ett öga mer seende i väglöst

landskap. Jätten sitter fast i sin grotta.
Orkan och vattenvind! Slå! Strömdrivna

eka! Sjömannen skriker, river sitt hår
och gammelmansansiktet flaggar håglöst

ute på bommen. Den skrävlaren: Drömmar,
spant och bord! Sirener, flisor i hans

tjocka öra ombord på ett skepp som
förliser. Här finns det som en gång var –

brännsårsärr, bröstbenskniven.

Den gamles kärlek

Den gamles kärlek räknade sina dagar, båten
stävar sig fram och floden mot Paris

ligger blank. Det är söndag, båtsman
knackar rost, trycker på knappen, järn

gnisslar mot järn: Klang! Klang! Och
hammaren slår in i det som kunde vara

en stillhet. För tusan, båtsman! ryter
styrman, gå in och ät, drick kaffe, ät

smörgås. Det finns ost och korv – Det är
söndag och din kärlek räknade sina dagar,

ett barn räknar på ett annat sätt solen,
månen och alla stjärnor. Alla träd,

och du berättade om björnen, hur hungrig
han var, lufsade vresig efter bondens

flakvagn lastad med strömming, hur räven
slank ut mitt på vägen och parerade

björnens iver, gav råd om ett mycket
bättre fiskafänge, där mitt i

Tengsödaskogen. Det var där nere på
sjön, precis i samma vak som grannen hade

sågat upp för att få lite middagsfisk.
Där satt björnen och knep och knep

och det var kallt, klart väder. Orion
och Karlavagnen och mycket snö den

vintern. Tidens ögla blev mindre mot
hösten, ambulansen kom och mitt i den

vita tavlan ett närvarande rött streck
under en bortriven himmel.

Årstidens blommor – penséer och hästen drog
granrisbädden. Timmarnas tålmodiga pendel

rörde sig oberört vidare, förbi vägskälet,
den gulgråa stubbåkern, gamla rian, mjölk-

bordet, kospillning på vägen och hästen
förde dig förbi dikesrenen, den gröna,

den fria, mot ljuset.

Philomela

25

I Limbo hörs suckarna. För övrigt är
det alldeles tyst. Tänk dig att möta

Minos med sin piskande svans och få
höra sitt utmätta straff. Det skrämmer

mig och varje morgon övertalar jag
mig själv att leva vidare, tuggar

rosenblad.

Jag blev två skilda liv när han skar av
mig tungan. Jag kan aldrig se solen gå

upp, en strimma ungefär mitt på dagen
och sedan kväll, en annan skiftning och

andra ljud om jag kunde höra svalorna,
de flyger högt, högre än tornet.

Varför besparade han mig livet? Här:
instängd i detta torn med granna

garner och min vida kjol? Bortkastat
arbete, fnös han vid sitt besök. Någon

skriver till mig en stor häst när jag
broderar på tyget.

Min syster

Min syster blev en svala, min svåger en
härfågel och vi grät en lång stund i

varandras armar. Min syster hade känt
igen mig, tolkat mitt broderi. Vi kom

ihåg tre lekar för barn: Blindbock,
fågel eller fisk i fars pilkastningsöga,

orden som rann ur vår mor, ögonens

glas och den svarta floden vällde fram,

forsade över en nedsliten tröskel:
träbitar, vattnets stank, ruttnande

könsdelar. Det gjorde ont i levern,
örnen hackade och de vuxna dansade.

Vi lekte, valde häst eller kamel och
hörde hur amman sjöng medan överste-

prästinnor gav order om offer:
min systerson. Ur guldbägaren droppade

vin och blod. Så var hämnden, så
var sorgen för att få förövaren att

visa sin skuld. Vi blev fåglar
och livet hade gått oss förbi.

I en annan tid

Den gamle sänktes ner i graven och
jag grät förtvivlat efter orden, efter

stunderna framför brasan och efter för-
klaringarna till stjärnornas namn. Då

var värmen och då var vinden, omslutna
och inneslutna, på väg hem eller bort

i en oavbruten förvandling och alla
fåfänga drömmar. Dörren hör till huset,

huset hör till dörren och kom inte med
några fantasier, sa förövaren och

lommade iväg med blossande kinder.
Ett lod skall hänga rakt, ropade byggmästaren

men jag brydde mig inte, jag reste mig
och gick min väg, hörde hur hans hot och

förargelser kröp, reste ragg. Jag gick
min väg med verktygslådan och det började

ljusna. Jag såg hur den svarta fågeln
lyfte, hörde hur den flaxade till vid örat.

Nu var tid given och slumpmässigt föll ett
liv på plats. Stoltheten tog sig in i

kroppen, sträckte på sig, omslöt vita
kotor, in i benmärgen, fortsatte

som en förförisk smekning i nacken
och målade slutligen dit glimten

i ögat av jord och solen, den varma.

Jag såg fågeln som lyfte strax före

övergångsstället på väg – Det var något
som bar vidare. Handtaget tog tag

i handen, låset vreds upp och jag stod
på en scen. Det var dags för entré, men

vem var jag och vem var hon? Öppna dörren
på glänt, viskade Ingen: Tala, tala nu!

II

Jag kommer från havet

Jag kommer från havet den här gången,
men inte med ett skepp med revade segel.

Nej, båten är röd, har danssalonger och
breda bildäck. Jag kommer från havet,

går i land med lättare bagage för
efter en djup sorg är världen yngre.

Min guide är en senkommen gäst utan
presenter, men rösten är densamma.

Han döljer sitt ansikte och vandringen
leder fram till kvinnan, en installation.

Hon ligger i sanden med huvudet avskilt
från kroppen. Nu tänker hon inte längre,

jag går in i det blinda huset med
blågröna ögonlock bakom ett rutmönster.

Nu är jag en del av husets minnen.

Huset är stort och människorna långt
borta. I köket leker barnet med bollar,

rymd och tankar, de rullar utmed
trasmattorna från dörr till dörr, över

tröskeln in till farfars rum, stannar till
under en sparvhök på en krokig gren.

Fågeln stirrar, sitter kvar bredvid
bössorna på väggen som pekar upp

mot taket. Här finns bilder med snö,
mörka hattar och mustascher från en

avlägsen skog och på skrivbordet
änglabarn och ringlande ormar

som rör sig mellan svart och vitt
i en tjock bok.

Utanför blåser vinden, skiner solen och
i verkstan vilar filar och sågar, svarven

slumrar och hyvelspånens skruvlockar ligger
under bänken. Skruvstädets jämna käft

hämtar andan, medan yxan lutar sig mot
huggkubben. Barnet gör ingenting härinne,

men slagen träffar hårt och länge –
dörren är stängd, järntag om hals och

färgerna rinner, det röda det svarta och
ljuden försvinner med mor ut genom dörren.

Solen skiner och vinden blåser men isen i
kroppen, under och över längs med. Man kan

inte sova i skogen. På ängen sjunger mannen
i sin guldkostym.

Det finns mycket som är större än människan.
En sommar gick jag på vattnet och sjönk som

en sten. Höstens potatisåker målade ränder
i ansiktet och vinterns kälktåg for iväg

över småsten och grus. Alla vårar kom med
gullvivor och stumma drömmar låg i träda,

rotvältor vända mot ljuset.

Penderecki

Det börjar med musik. Granna
tygstycken fladdrar från ett snöre.

Sedan hörs ett eko från en svart
järngrind som smäller igen.

Fjärilar i gult och rött – i skuggan –
i solskenet – på handen. Tåget

signalerar ånglokstid och ett
bländande ljus fyller hela kupén.

Bromsarna gnisslar och jag lämnar
mina mörka fält. Det övriga är musik.

Det har aldrig fallit mig in
att världen kan vara sann.

III

Att röra sig under
en brännande sol

41

Att röra sig under en brännande sol
medan slätten ryker av torka
luften dallrar av en hotande eld

den spruckna jorden tigger
om vatten men regnet dröjer
det kommer att dröja länge
innan jorden får sitt
efterlängtade vatten

Att springa under solen
när benen inte vill bära
en längre

det gäller att hinna undan vakterna
och långt därframme ett träd

ett enda träd på slätten

Att springa allt vad du förmår
mot trädet, som inte har några
löv eller frukter

allt har vissnat, torkat
och fallit till marken

Kalt reser sig trädet mot himlen
under den brännande solen
det uthärdar ännu en sommar av eld

hovarnas trummande nedslag
kommer allt närmare och framme
vid trädet

Att kasta sig till marken
och upptäcka ett hål, en hålighet
under trädets rötter

tre galopperande hästar förbi

Att lämna gömstället på kvällen,
en sommarkväll vid niotiden
i ett annat landskap

håret tovigt, sandkornen
kliar, ansiktet strävt och
smakar salt

Att tänka besvikna och
upprörda tankar

Varför radar upp sig på led
Smäller med klackarna: ! !

De visste ju inte vad
hon hade tänkt göra
eller vart hon var på väg

Skuggorna långa
En svart ros

(flickans ålder och namn)

Att gå tillbaka in i skogen,
ta sig uppför berget och
sätta sig på en plats med utsikt

hon blir någonting annat,
hon svänger långsamt runt i
kvällsbrisen, jämnt och lugnt,
hon svänger om och om igen
till ett nynnande ljud innanför
det sammanpressade glaset

Att bli sig själv, tankarna
hasar sig fram och hon för
händerna utmed kroppen, hon
förvissar sig om att hon är
densamma

medan någon nynnar, sjunger,
tröstar

Hon betraktar en gran,
en reslig gran med yviga grenar –
en myrstack – myrorna rör sig ivrigt,
myrorna arbetar och
något dunsar mot marken,
en ekorre tittar, registrerar
och klättrar snabbt upp i trädet,
skyndar sig vidare ut på en gren

hoppar över till nästa träd

En arm, två armar runt
sig själv, hon håller
om sig själv

"trolldegskropp
  röd och vit
    gul och grön
          SVART
är meningslösheten"

karvar och karvar
tuggar –
tänker på äppelskrutt

Att vara inne i
overkligheten

som att dingla i ett
mörkbrunt draperi i hallen
lyssna inåt mot
de dunkla rummen

Hon grubblar över regler
hon inte kan förstå,
reser sig och går till
bäcken, plumsar ner
i det klara vattnet

Hon kan inte hålla sig för
skratt, hon får för sig
att vakterna förvandlas
till vatten,
att de rinner bort
ur hennes händer

inte ens
en våt fläck
blir kvar

Hon skrattar igen
och torkar händerna
på kjolen

Inte ens en våt fläck!

Spegelyta, mörkljus och blank

    mitt inne i skogen
        djupt därnere:
            röda äpplen på grenarna
                levande ljusen tända

Härute
för sig själv
tillsammans med doften av träd

Spegelyta, mörkljus och blank,
att ana sitt ansikte
en kväll
när träden håller vakt
Rädslan färdas
på tunna löv
i bäckfårans vatten

och solen har gått ner

Hon ser
en snål glipa
av himmel
ovanför träden
och tänker:
hem

vänder ut och in
halar klänningen
över kroppen

tar på sig skor

förvandlingskonster

skall ta sig hem

mörk skog
vattrade träd
utmed stigen

pendeln svänger under
den runda urtavlan,
lånar sin mekaniska kraft
som månen lånar sitt sken
och gör till ljus
under klara nätter

Kärlek, en rödbrun kviga,
idisslar, vänder sig om
mot ljudet av steg
i gräset

sommaräng och dimma
kvigans mjuka hals

det är här det börjar:
att ta farväl
och se klart
för första gången

Hon går in i det
övergivna huset

öppnar dörren in till rummet
bebott av golvur,
bordspendyler,
tick och tack och
bång från den myndiga
– en väggklocka vaktad
av en örn

Hon väntar på tiden

bara ett stycke härifrån,
över åkrarna,
över utfallsdiket,
uppför backen
– där ligger gården

Hon är träffad

Mask
Kan man berätta
för någon att man
har mask, en mask som
borrar sig in,
överallt och
närsomhelst, som
gör en matt och slö,
tom

NEJ

det här får bli sista natten

Hon blir

en eldsprutande drake,
väser och förskräcker
hela byn som väcks
och störtar ut
i linnen och
kalsonger

Död
Svart sot
Träden träffas
av blixten,
blixten
ryter itu, flår
av barken och
bränner
rötterna

Allt är lugnt och stilla nu

Hon är

i den vilda trädgården,
hundlokorna når henne
över huvudet och i handen
håller hon en tomat,
röd och varm och solen
den dagen

Att stiga upp
och lämna Kärlek
vid utgårdens grind,
ta sin kappsäck
och gå till bussen

grusväg, grusväg, grusväg

Att sätta
sin lit till en
bar himmel:

Älska mig!